Harry Hase schafft das schon

Texte von Judy Delton
Illustrationen von Lisa McCue

Titania-Verlag

Für Shirley Gould und Delphinium Rose
mit großer Dankbarkeit
J.D.

Für Ken, in Liebe

L.M.

Deutsche Übertragung von Rose Pflock

Verlags-Nr. 6069
ISBN 3 7996 6069 0

Text copyright © 1988 Judy Delton
Illustrations copyright © 1988 Lisa McCue
© 1993 Titania-Verlag für die deutsche Ausgabe

Zum ersten Mal veröffentlicht 1988
durch Macmillan Publishing Company, New York,
unter dem Titel "Hired Help For Rabbit"

Alle Rechte vorbehalten. Jegliche Reproduktion,
auch auszugsweise, ist untersagt, in welcher
Form und mit welchen Mitteln auch immer.

„Schluß für heute!" gähnt Harry Hase
und streckt sich.
 Den ganzen Tag hat er in seinem Garten Unkraut gezupft,
Tomaten angebunden und Beete begossen.
 Jetzt freut er sich auf seinen gemütlichen alten Sessel
neben dem Radio.

Im Haus schaut er auf die Uhr.

„Was - schon gleich halb sieben? Und jetzt noch Essen kochen? Nein, ich schaff' das alles nicht mehr ... Ich muß jemanden finden, der mir hilft."

Er ruft seine Freundin an, die Ente Schnatterat. Sie ist so klug und weiß immer Rat.

„Schnatterat – ich schaff's nicht mehr! Den ganzen Tag im Garten arbeiten und abends noch kochen – das hält kein Hase aus. Weißt du einen Koch für mich?"

„Einen Koch weiß ich nicht so schnell", sagt die Ente Schnatterat, „aber frag doch einfach alle, die dich besuchen kommen! Vielleicht findest du dabei einen Koch."

Harry Hase überlegt noch,
was er jetzt kochen soll
- da klopft es an seine Tür.
Das Eichhörnchen Lottchen
Nüsseknack ist da. Es läuft
abends gern noch ein wenig
mit Harry Hase durch den Wald.

„Bist du fertig?" fragt Lottchen Nüsseknack.
„Ja, fix und fertig!" seufzt Harry Hase.
„Den ganzen Tag hab' ich im Garten gearbeitet
und noch nichts gegessen. Weißt du vielleicht
einen Koch für mich?"
„Na klar!" Lottchen Nüsseknack ist ganz
begeistert.
„I c h bin die beste Köchin der Welt! Hast du
eine Schürze? Ich fang' gleich an!"

Endlich kann Harry Hase in seinem gemütlichen alten Sessel sitzen, Radio hören und sich ein bißchen ausruhen! Er streckt alle viere von sich und träumt von einem guten Essen.

„Mahlzeit!" ruft Lottchen Nüsseknack schließlich laut aus der Küche.

Aber was ist denn das? Es riecht ja so komisch? Das Essen ist doch nicht etwa a n g e b r a n n t ?

Harry Hase schaut auf seinen Teller.
Irgend etwas Schwärzliches liegt da …

„Möhrchen in Orangensauce!" erklärt Lottchen Nüsseknack stolz.

„Sehen Möhrchen nicht heller aus?" erkundigt sich Harry Hase vorsichtig.

Lottchen Nüsseknack schluchzt - dicke Tränen kullern ihr aus den Augen. Sie holt noch die Kartoffeln - aber die sind roh! Und die Nachspeise klebt an den Zähnen und schmeckt wie Zahnpasta.

Am nächsten Tag macht Harry Hase seiner kleinen Köchin Mut.
„Weißt du was, Lottchen? Wir üben heute kochen!"
Den ganzen Tag über ist er ein geduldiger Lehrer.
Nur die Arbeit im Garten - die bleibt natürlich liegen!

Aber Lottchen Nüsseknack lernt leider nichts dazu! Bohnen und Tomaten kochen über, die Kohlrabi bleiben hart, und alle Töpfe kleben voller Fett!

Als Harry Hase in die Küche kommt, sitzt Lottchen schon wieder am Küchentisch und weint. Harry Hases Herz wird butterweich vor Mitleid.

„Wein doch nicht Lottchen. Weißt du was?

Ab heute koche i c h."

Und er bindet sich die Schürze um, läuft eifrig hin und her und kocht für z w e i . Kohlgemüse gibt es, und das schmeckt Lottchen so gut, daß sie noch zweimal nachverlangt.

Am Abend erscheint Frau Wieselflink.
Sie ist gern in der Nachbarschaft unterwegs und liebt es, wenn man ihr ein Täßchen Tee anbietet.

Harry Hase schenkt ein und fragt: „Sie kommen doch viel herum, Frau Wieselflink, kennen Sie jemanden, der mir bei der Gartenarbeit helfen könnte?
Ich schaff's nämlich nicht mehr."

„Natürlich!" Frau Wieselflink ist hell begeistert.
„Natürlich weiß ich jemanden! I c h bin die beste Gärtnerin der Welt! Morgen fang' ich an!"

Als Harry Hase am nächsten Morgen aus dem Fenster sieht, sträubt sich ihm vor Schreck das Hasenfell.
Frau Wieselflink hat all seine schönen Salatpflänzchen ausgerupft!
„Ich dachte, das ist Unkraut",
meint sie ganz erstaunt.
Armer Harry Hase! Den ganzen Tag braucht er, um seinen Salat wieder einzupflanzen.

Am nächsten Tag wird es noch schlimmer!

Frau Wieselflink macht alles falsch. Sie vergißt, die Erbsen zu gießen, und überschwemmt dafür die Zwiebeln. Sie erntet grüne Tomaten anstelle der roten. Und als Harry Hase die Fehler entdeckt, setzt sie sich auf einen Kohlkopf und weint dicke Wieseltränen.

„Weinen Sie nicht", sagt Harry Hase freundlich.
„Ich helfe Ihnen ja!"

Er hilft Frau Wieselflink den ganzen Tag im Garten und kocht am Abend für d r e i .

Aber er gähnt dabei noch viel mehr als früher, und sogar seine Ohren machen ein bißchen schlapp ...

Wie sieht es nur in Harry Hases Küche aus!

Berge von schmutzigem Geschirr stehen herum, und überall stolpert man über Gartengeräte, die keiner weggeräumt hat.

„Ich glaube, ich müßte auch noch eine Putzhilfe haben!" überlegt Harry Hase.

Sein Nachbar, Stachelzwack der Igel, schüttelt nebenan gerade einen Teppich aus. Harry Hase ruft den Igel zu sich in die Küche.

„Schau dir mal an, wie's bei mir aussieht! Kennst du nicht jemanden, der mir beim Saubermachen helfen könnte? Kochen und Gartenarbeit brauchen zuviel Zeit."

„Natürlich kenne ich jemanden!" Stachelzwack strahlt, „i c h bin der beste Saubermacher der Welt! Wenn du willst, fang ich gleich an!"

Den ganzen Tag hetzt Harry Hase zwischen Küche und Garten hin und her. Überall geht etwas schief.
Lottchen Nüsseknack will Erdbeermarmelade kochen. Leider nimmt sie dazu Mehl anstatt Zucker. Also wiegt Harry Hase erst einmal den Zucker ab.
Im Garten bricht Frau Wieselflink inzwischen die grünen Maiskolben ab.

Die sollten doch erst gelb und reif werden! Ach, es macht Harry Hase überhaupt keinen Spaß, immerfort auf seine Hilfskräfte aufzupassen!

Müde und niedergeschlagen geht er ins Haus und beschließt, sich ein bißchen im Bett auszuruhen.

Aber - „Die Matratze ist ja weg!" ruft er entgeistert.

„Natürlich ist die weg", erklärt Stachelzwack, der Igel, seelenruhig. „Sie muß gelüftet werden. Bettzeug braucht frische Luft!"

Harry Hase will sich in seinen Sessel setzen, aber der Platz ist leer.
„Mein Sessel! Mein gemütlicher alter Sessel neben dem Radio? Wo ist der? Soll der etwa auch lüften?!"

„Den hab ich zur Reparatur gegeben, er ist schon reichlich wackelig", gibt Stachelzwack Auskunft. „Du kannst dich doch auch mal auf dem Fußboden ausruhen."

Weil nun Harry Hase so müde ist, streckt er sich wirklich
auf dem Fußboden aus, obwohl ihm alle Knochen weh tun.
Rumpeldibumm!! Was ist denn das? Es donnert!
„Stachelzwack!" ruft Harry Hase erschrocken.
„Es kommt ein Gewitter - und mein Bettzeug
ist noch draußen!"
„Moment - Moment!" meldet sich Stachelzwack
aus der Küche. „Immer mit der Ruhe! Ich trinke gerade mit
Frau Wieselflink ein Täßchen Tee - alles auf einmal geht nicht."
Also rennt Harry Hase selber nach draußen und zerrt
sein Bettzeug ins Haus. Zu spät - alles ist pitschnaß
vom Gewitterregen!
Nachdem er die Sachen zum Trocknen ausgebreitet hat,
schleicht er erschöpft in die Küche und kocht dort für vier!

Der nächste Tag verläuft auch nicht besser für Harry Hase. Zuerst geht's in den Garten zu Frau Wieselflink, die gar nicht so flink ist, wie ihr Name verspricht. Dann muß Harry Hase das immer noch feuchte Bettzeug in die Sonne tragen, weil Stachelzwack es vergessen hat.

Am Abend ist er so müde wie noch nie zuvor in seinem Leben. So müde bin ich erst, seitdem ich Helfer habe, denkt er niedergeschlagen, und seine Ohren hängen traurig fast bis zur Erde, während er den Wäschekorb ins Haus schleppt.

Am Wochenende sagt Lottchen Nüsseknack zu Harry Hase:
„Also, es tut mir wirklich leid, Harry, aber es ist mir hier
zu aufregend mit der vielen Kocherei. Du bist zu verwöhnt
mit dem Essen. Ich laß dich ja nur ungern im Stich, aber
die Arbeit ist einfach zuviel für mich."

Was soll Harry Hase dazu sagen?
Er hilft Lottchen Nüsseknack beim Kofferpacken und winkt
ihr zum Abschied nach. Dann bringt er die Küche in
Ordnung und macht zuletzt den Herd sauber.
Merkwürdig - bei all dem pfeift er fröhlich ein Liedchen und
ist überhaupt nicht traurig.

Am nächsten Morgen erscheint Frau
Wieselflink und verkündet:
„Es ist mir ziemlich unangenehm, Harry, aber ich
finde, ich überarbeite mich hier. Dein Garten ist
viel zu groß, und der Doktor meint, ich sei schließlich
nicht mehr die Jüngste …"
„Schade, wirklich schade, Frau Wieselflink",
antwortet Harry Hase freundlich, „wie Sie sicher wissen,
verliere ich Sie ungern …"

Dann geht er in den Garten, pflanzt behaglich neuen
Salat und holt sich schöne rote Tomaten zum Abendbrot.
Bei all dem fühlt er sich vergnügt und munter, und
schließlich sagt er zu sich selber.
„Mir scheint, ich schaff' es schon …"

Was macht Stachelzwack, der Igel, denn heute für ein Gesicht? Er steht kleinlaut herum und sieht aus wie sieben Tage Regenwetter.

„Raus mit der Sprache - was ist los?" fragt Harry Hase.

„Die Hausarbeit bei dir ist schwerer, als ich dachte", jammert Stachelzwack. „Du könntest glatt zwei Putzhilfen gebrauchen! Sei mir nicht böse, aber ich will lieber wieder nach Hause …"

Komisch - Harry Hase ist überhaupt nicht böse, als alle seine Helfer weg sind. Im Gegenteil, sein Herz ist federleicht, und seine Ohren sehen wieder ganz mutig aus!

Stillvergnügt macht Harry Hase am Nachmittag
sein Bett zurecht. Alles ist fein getrocknet
und sieht mit der frischen Bettwäsche richtig
verlockend aus!

Dann holt er seinen alten Sessel
zurück und ruht sich darin aus.
Und als er Hunger bekommt, geht er
in die Küche und kocht ein
leckeres Essen – ganz für sich
allein. Später klingelt das Telefon.
Die Ente Schnatterat ist dran.

„Na, Harry", fragt sie, „geht's dir besser?
Ich hörte, du hast Helfer gefunden – für die
Küche, für den Garten und für's Saubermachen?"

„Stimmt, mir geht's besser!" lacht Harry Hase.
„Aber erst, seit alle wieder weg sind!
Ich brauch' nämlich niemanden – ich schaff' das schon …"

Und er wäscht e i n e n Teller ab, legt sich zufrieden in sein frischbezogenes Bett und schläft so gut wie lange nicht.